S0-AIQ-343

Grupos alimenticios

Frutas

Lola Schaefer

Heinemann Library
Chicago, Illinois

© 2008 Heinemann Library
a division of Reed Elsevier Inc.
Chicago, Illinois

Customer Service 888-454-2279
Visit our website at www.heinemannraintree.com

All rights reserved. No part of this publication may be reproduced or transmitted in any form or by any means, electronic or mechanical, including photocopying, recording, taping, or any information storage and retrieval system, without permission in writing from the publisher.

Designed by Joanna Hinton-Malivoire
Printed and bound in China by South China Printing Co. Ltd.
Translation into Spanish produced by DoubleO Publishing Services

12 11 10 09 08
10 9 8 7 6 5 4 3 2 1

ISBN-10: 1-4329-1790-0 (hc) -- ISBN-10: 1-4329-1797-8 (pb)
ISBN-13: 978-1-4329-1790-6 (hc) -- ISBN-13: 978-1-4329-1797-5 (pb)

Library of Congress Cataloging-in-Publication Data

Schaefer, Lola M., 1950-
   [Fruits. Spanish]
   Frutas / Lola Schaefer.
      p. cm. -- (Grupos alimenticios)
   Includes index.
   ISBN 978-1-4329-1790-6 (hardcover) -- ISBN 978-1-4329-1797-5 (pbk.)
   1. Fruit in human nutrition--Juvenile literature. 2. Fruit--Juvenile literature. I. Title.
   QP144.F78S3318 2008
   613.2--dc22
                              2008013142

Acknowledgements
The publishers would like to thank the following for permission to reproduce photographs: © Digital Vision p. **29**; © Getty Images pp. **14** (Taxi), **20** (Photonica/Jonathan Knowles), **26** (Food Collection), **28** (Dorling Kindersley); © Harcourt Education Ltd pp. **4** (Tudor Photography), **9** (MM Studios), **11** (Tudor Photography), **12** (Tudor Photography), **16** (Tudor Photography), **19** (Tudor Photography), **21** (MM Studios), **24** (Tudor Photography), **25** (Tudor Photography); © KPT Power Photos pp. **10** (banana, blueberry, kiwi, peach), **21**; © Photodisc pp. **10** (apple), **18**; © Photolibrary.com pp. **6** (Picture Press), **7** (Jtb Photocommunications Inc.), **13** (Foodpix); © Photolibrary pp. **22** (Anthony Blake), **27** (David M. Dennis); © Punchstock pp. **15** (Comstock), **17** (BananaStock), **23** (Creatas); USDA Center for Nutrition Policy and Promotion p. **5**.

Cover photograph reproduced with permission © Masterfile (Michael Mahovlich).

Every effort has been made to contact copyright holders of any material reproduced in this book. Any omissions will be rectified in subsequent printings if notice is given to the publishers.

Disclaimer
All Internet addresses (URLs) given in this book were valid at the time of going to press. However, due to the dynamic nature of the Internet, some addresses may have changed or ceased to exist since publication. While the author and the publishers regret any inconvenience this may cause readers, no responsibility for any such changes can be accepted by either the author or the publishers.

Contenido

Algunas palabras aparecen en negrita, **como éstas**. Puedes encontrar sus significados en el glosario.

¿Qué son las frutas?

Las frutas son el alimento dulce que crece en algunas plantas. Las ciruelas, las fresas, las manzanas y las uvas son frutas. Las personas del mundo entero comen frutas diariamente.

Las frutas contienen azúcares naturales que les dan un sabor dulce.

Las frutas son uno de los **grupos alimenticios**. Necesitas comer frutas todos los días como parte de una buena **dieta**. Las frutas frescas ayudan al cuerpo a combatir enfermedades y a mantenerte saludable.

Origen de las frutas

Las frutas crecen en plantas que dan flores. Las cerezas crecen en árboles en **huertos**. Las uvas, crecen en parras en vides que se levantan en **pérgolas**. Las frambuesas, en arbustos dispuestos en hilera en granjas. Los melones, en enredaderas en los campos.

Los plátanos crecen únicamente en lugares templados, pero se envían por todo el mundo.

Las fresas se cultivan al aire libre, tanto en el suelo como en macetas.

Algunas personas cultivan sus propias frutas en sus jardines. Tienen arbustos de bayas o árboles frutales. Estas personas disfrutan alimentarse con las frutas frescas que cultivan.

Uso de las frutas

La mayoría de las frutas se recolecta y consume en su estado natural. A veces se exprimen y se obtiene su jugo. Los jugos de manzana y de naranja son bebidas saludables. Muchos jugos son una mezcla de diferentes frutas.

Trata de encontrar jugos de frutas sin azúcar agregada. Estos son los jugos más sanos.

pasas sultana

arándanos agrios

pasas

albaricoque

plátanos

Las frutas secas son ricas en **fibra**.

Muchas frutas son secas. Se les extrae el agua y se hacen más pequeñas y masticables. Las pasas son uvas secas. Hay ciruelas secas.

Aspecto de las frutas

Las frutas pueden ser pequeñas como las bayas
o las uvas. Pueden ser grandes como las piñas
o las sandías. Muchas frutas son redondas, pero
algunas son alargadas como los plátanos.

Las frutas tienen
distintos colores
y tamaños.

Las frutas pueden ser de color verde, rojo, amarillo, anaranjado, azul, blanco, rosa o púrpura. Muchas bayas son irregulares por fuera. Los arándanos son de color azul y son lisos por fuera.

¿A qué saben las frutas?

Casi todas las frutas tienen sabor dulce. Es por eso que a las personas les gusta comerlas. Algunas tienen sabor **agrio**. El limón o la lima son agrios.

El jugo de limón ayuda a que las frutas cortadas en rebanadas no pierdan su color y frescura.

A muchos les gusta colocar rodajas de aguacate sobre las ensaladas.

Algunas frutas, como el aguacate, tienen un sabor diferente. El interior de un aguacate sabe un poco aceitoso. Los aguacates se pueden comer solos, en ensaladas o en sándwiches.

Por qué son saludables las frutas

Las frutas son saludables porque contienen menos **grasa** que otros alimentos. También contienen muchas **vitaminas**, **minerales** y **fibra**, que son **nutrientes** importantes que utiliza el cuerpo.

Las frutas también contienen jugo, que a su vez contiene agua. El agua ayuda al cuerpo a mantenerse sano.

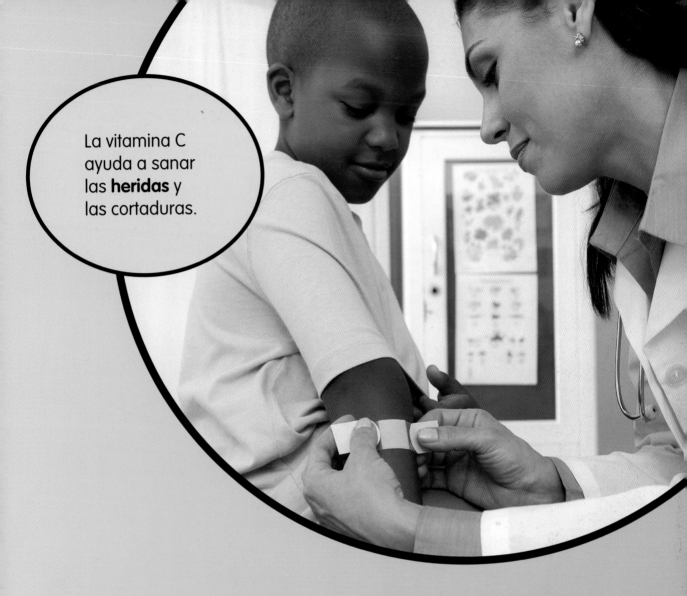

La vitamina C ayuda a sanar las **heridas** y las cortaduras.

Las vitaminas y los minerales que contienen las frutas te ayudan a mantenerte sano. Muchas frutas frescas tienen vitamina C, que ayuda a evitar los resfríos y otras enfermedades.

¿Cuántas frutas necesitas?

La mayoría de los niños entre 5 y 10 años de edad necesita de 1 a 2 raciones de fruta por día. Podrías comer una pera. O podrías comer una rodaja de melón como una de tus raciones.

Puedes elegir de entre una gran variedad de frutas.

Come algunas frutas distintas todos los días para mantenerte sano.

Un pequeño puñado de frutas secas equivale a una ración de frutas frescas. Prueba con un puñado de pasas o albaricoques. Un vaso de jugo de frutas es también una ración.

Frutas para el desayuno

Muchas personas comienzan las mañanas con un vaso de jugo de naranja, de pomelo o de manzana. Otras disfrutan un tazón de frutas frescas con sus tostadas o panecillos. Algunos comen frutas cortadas en rebanadas con el cereal.

La ensalada de frutas es un alimento saludable y sabroso para el desayuno.

Procura conseguir jalea con poca o sin ninguna azúcar. Son las jaleas de fruta más sanas para el cuerpo.

En el desayuno puedes agregar frutas frescas a tus alimentos. Hay quien agrega arándanos a los panqueques. Otros comen ensalada de frutas con yogur. La jalea de frutas sobre las tostadas las hace más sabrosas.

Frutas para el almuerzo

Muchas personas comen frutas al final del almuerzo. A veces comen una manzana, un kiwi en rodajas o un plátano. También suelen beber un vaso de jugo.

La piel o cáscara de las frutas las ayuda a protegerse mientras son trasladadas de un lugar a otro.

Brochetas de frutas

Pide ayuda a un adulto.

- Lava o pela la fruta.
- Pide a un adulto que corte la fruta del tamaño de bocados.
- Rocía cada pedazo de fruta con jugo de limón.
- Coloca la fruta cortada en palillos grandes o pinchos de brochetas.
- Sírvelas y disfruta. También las puedes bañar de tu yogur preferido.

Necesitarás:

- tres frutas de esta lista: fresas, trozos de sandía, uvas sin semillas, rodajas de manzana, peras, plátanos, duraznos
- palillos grandes o pinchos de brochetas
- jugo de limón

Frutas para la cena

Para la cena, puedes comer frutas con ensaladas, arroz o fideos. Algunos combinan peras y queso o duraznos y requesón. Pero la mayoría de las personas come frutas frescas al final de la cena.

Para darte un gusto después de cenar pide a uno de tus padres que corte una carambola para ver su interior en forma de estrella.

Las frutas se suelen servir como parte de una comida con carne.

A veces, las frutas se utilizan como salsas para carne. El puré de manzana se puede servir con cerdo asado. La salsa de arándano agrio normalmente se sirve con pavo asado.

Frutas para la merienda

La fruta fresca es una merienda excelente y saludable. Muchas personas beben un vaso de jugo de frutas para obtener **energía** rápidamente. La fruta seca es una buena merienda.

Las pasas se obtienen cuando se seca el agua de las uvas.

Helados de jugo de frutas

Pide ayuda a un adulto.

- Vierte jugo de frutas en los vasos hasta llenar las ¾ partes.
- Coloca los vasos en el congelador.
- Pon un palito de helado en el jugo cuando esté casi congelado.
- Coloca los vasos nuevamente en el congelador hasta que el jugo esté totalmente congelado.
- Retira el helado de jugo de frutas del vaso.
- Sírvelo y disfruta.

Necesitarás:

- 8 vasos pequeños de papel o plástico
- 8 palitos de helado
- tu jugo de frutas favorito (sin azúcar)

Los helados de jugo de frutas son perfectos en días calurosos.

Cómo mantener las frutas frescas

Las frutas maduras necesitan conservarse en un lugar fresco. Algunas frutas como las fresas, las frambuesas y los arándanos se conservan mejor en la nevera. Los plátanos son una fruta que no debe guardarse en la nevera, ya que esto arruinaría su sabor.

Las manzanas, las naranjas y las peras pueden almacenarse en una frutera en una habitación fresca.

Ten cuidado. Si ves **moho** en la parte exterior de la fruta, no la comas. El moho no es bueno para el cuerpo. Es mejor comer la fruta apenas la compras.

¿Puedo comer sólo frutas para mantenerme saludable?

Las frutas son un buen alimento para el cuerpo pero necesitas alimentos variados para mantenerte sano. Come algo de cada **grupo alimenticio** todos los días y bebe tres o cuatro vasos de agua.

Si comes distintos tipos de alimentos, obtendrás todos los **nutrientes** que el cuerpo necesita.

Haz ejercicio todos los días y fortalece tus músculos.

Además de alimentos sanos, necesitas hacer **ejercicio** de manera regular. Debes hacer un poco de ejercicio todos los días. También necesitas dormir lo suficiente todas las noches. Dormir te ayuda a mantenerte fuerte y sano.

Glosario

agrio de sabor ácido

dieta lo que una persona generalmente come y bebe

ejercicio actividad física que ayuda al cuerpo a mantenerse sano y en forma

energía poder necesario para que un cuerpo funcione y se mantenga sano

fibra parte áspera del alimento que no se digiere. La fibra ayuda a transportar el alimento a través del cuerpo.

grasa nutriente contenido en el alimento que da energía al cuerpo. El cuerpo necesita sólo un poco de grasa todos los días.

grupo alimenticio alimentos con los mismos tipos de nutrientes. Hay cinco grupos alimenticios principales, más los aceites.

herida desgarramiento, lastimadura o cortadura de la piel

huerto terreno utilizado para cultivar árboles frutales y que dan nueces

mineral nutriente necesario para que el cuerpo funcione correctamente

moho hongo afelpado que crece en alimentos viejos o en descomposición

nutriente sustancia (como una vitamina o un mineral) que el cuerpo necesita para mantenerse sano y crecer

pérgola soporte de jardín o cerco que sostiene las parras

vitamina nutriente contenido en el alimento que el cuerpo necesita para mantenerse sano. Los nutrientes ayudan al cuerpo a funcionar correctamente.

Descubre más

Libros

Branigan, Carrie y Richard Dunne. *Fruits and Vegetables*. North Mankato, MN: Smart Apple Media, 2006.

DerKazarian, Susan. *Fruits and Vegetables*. New York: Scholastic, 2006.

Leedy, Loreen. *The Edible Pyramid: Good Eating Every Day*. New York: Holiday House, 2007.

Miller, Edward. *The Monster Health Book: A Guide to Eating Healthy, Being Active & Feeling Great for Monsters & Kids*. New York: Holiday House, 2006.

Sitios web

KidsHealth: The Food Guide Pyramid
http://www.kidshealth.org/kid/stay_healthy/food/pyramid.html

Nutrition Explorations
http://www.nutritionexplorations.org/kids/nutrition/pyramid-fruit.asp

United States Department of Agriculture:
Inside the Pyramid – Fruits
http://www.mypyramid.gov/pyramid/fruits.html

Índice